AF280674

Originalausgabe

Klitzekleine Kinderreime

Der größte Schatz in unserer Welt sind unsere Kinder. Am Ende sind sie das Wichtigste, das wir Menschen haben und ihr Glück sollte unser oberstes Ziel sein. Diese klitzekleinen Kinderreime sind eine Hommage an die nächste Generation. Sie sind auch ein Pfad der Erinnerung an die eigene Jugend und ich hoffe, sie können auch für dich ein heilsamer Pfad zu deinem inneren Kind sein.

Junge Delfine

Auf dem Arm
Ein ganzer Schwarm
An Kindern.

Das Gebimmel
Am Himmel
Verkündet die Kinderhorden.

Wilde Vögel
Zogen am Horizont
Über die Spielplätze hinweg.

Kleine Murmeln,
Wo Kinder sich tummeln
Und zusammen spielen.

Lachattacken
Und Mütter backen
Für die kleinen Pausbacken.

Tausend Kinder
Süß wie der Saft der Imker
Der summenden Dinger.

Aufregendes Funkeln

Wie kleine Tropfen
Tropft das Hoffen
In den Augen
Der Kinderseelen.

Große Wünsche
Wachsen ins
Unermessliche
Und über das Glück.

Kleine Schätze
Bilden sich aus den Resten
Der Fantasie und
Werden zu
Zukünftigen Harmonien.

Weihnacht und
Geburtstag.
Natürlich auch
An Ostern und
Zwischendurch,
Wenn Oma kommt
Und eine Überraschung
Mitbringt.

Sasum

Geh deinen Weg
Zum Spielsteg.

Nimm die Schippe
Bei der Wippe.

Leg dich lang
Im grünen Gang.

Finde dein Glück
Mit süßem Frühstück.

Trink deinen Saft
Als Schokoschatz.

Komm zum Platz
Und tritt den Ball.

Feier deinen Geburtstag
Im Spaßbad.

Heim

Ein Kind entspringt
Der Liebe Kraft
Und erschafft das Glück
Stück für Stück.

Was Treue macht
Ist der Treue Macht,
Glückliche Kinder
Zu erziehen.

Gemeinsam sind
Alt und Kind.
Gemeinsam sein
Im Familienheim.

Tage des Donners
Im warmen Nest.
Tage der Liebe
Halten uns fest.

Was bleibt,
Ist die Wahrheit
Unserer Leben.
Was bleibt,
Ist unseren Weg
Verbunden zu gehen.

Sabbelbrabbel

Ein Kind gewinnt
In einem Sprint
Zum Glück und
Lacht den Rest
Des Wegstücks.

Ein Kind erklimmt
Das Klettergerüst
Auf dem Spielplatz
Und ist der größte Schatz,
Indem es lacht
Mit voller Kraft.

Ein Kind singt
Und lässt die Herzen klingen.
Eltern und Großeltern
Sind in allen Welten
Die Glücklichsten
Und sie lauschen
Der schönen Klänge Rauschen
Der Kinder Tag und Nacht.

Flusslauf

Wenn wir springen
Und über die Wiese fliegen.
Wenn unsere Herzen klingen
Und wir Eis kriegen.
Dann ist die Welt in Ordnung
Und alles schön.

Wenn wir friedlich träumen
In den weiten Weiden.
Wenn wir schwadronieren
Durch die grünen Haine.
Dann fließt das Leben rein
Ins Herz hinein.

Wenn die Kinder spielen
Und gemeinsam singen.
Wenn die Jungend spielt
Und sich zum ersten Mal küsst.
Dann nimmt alles seinen Gang,
Wie es seit Generationen wa(h)r.

Wunderkinder

In den Träumen
Der Bäume kleben
Kleine Kinderseelen.

Am wilden Bache
Tanzt ihr Gelache
In den Wellen
Mit den Forellen.

Und auf dem Berg
Errichten sie ein
Riesiges Bauwerk
Aus Kieselsteinen
Und bunter Erde.

Wie sie unbescholten
Den Wolken
Bis zum Horizont folgen,
Wo der endlose
Regenbogen beginnt.

Wie ein Blatt im Wind
Tanzt das Kind geschwind
Zur Melodie seines Herzens.

Babys

Das Baby schreit
Und der Mutter Herz weint.
Tausend Küsse
Und die Milchbrüste
Geben Hoffnung,
Dass es wieder lacht.

Das Baby lacht
Und die Mutter fühlt,
Sie hat alles richtig gemacht.
Die ersten Spielsachen
Und die Versuche
Zu krabbeln.

Das Baby trinkt
Und Mama sieht,
Wie es genießt.
Es wächst jeden Monat
Und Mama kauft das
Milchpulver auf Vorrat.

Das Baby beginnt
Zu singen und lässt
Die ersten Silben klingen.
Alle hoffen auf
Das erste Wort
Und sind total froh.

Vaters Liebe

Ich liebe meine Tochter,
Ihr Lächeln und die Art,
Wie sie mein Herz berührt.

Ich liebe meine Tochter
Völlig ohne Grund,
Einfach nur, weil sie da ist.

Ich liebe meine Tochter
Mit ganzem Herzen.
Sie ist mir am wertvollsten.

Ich liebe meine Tochter
Ohne Erwartungen an sie,
Nur an mich: ein guter Vater zu sein.

Ich liebe meine Tochter
Und hebe sie in die Luft,
Damit die Welt das Wunder sieht!

Abenteuer

Kleine Abenteuer
Mit und ohne Ungeheuer.
Das Leben ist
Ein helles Licht.

Alles wird
Zum Märchenland.
Fantasie
Führt des Kindes Hand.

Ein Bettlaken
Zur dunklen Höhle.
Ein Kissenberg
Zum wilden Dschungel.

Helden und
Prinzessinnen.
Heldinnen und
Königssöhne.

Drachen die fliegen
Oder zum Besiegen.
Flugzeug spielen.
Traumhaft fliegen.

Spiellied

Eine Welt zum Spielen
Im himmlischen Frieden.

Lego und Playmobil
Vereint in Harmonie.

Beste Videospiele
Mit erlaubten Cheats.

Freie Zuckerwatte
Ist Ehrensache.

Und geschlafen wird,
Wenn wir willig sind.
Denn niemand stoppt das Spiel
In diesem Lied.

Wunderkinder

Kleine Wunder.
Weltverkünder.
Offene Ohren.
In der Nase bohren.

Nachts erwachen
Bei den Spielsachen.
Mama wecken
Und Daddy necken.

Große Augen,
Die neugierig schauen.
Freche Münder,
Die niemals lügen.

Kindergarten.
Schultage.
Im Fluss
Zum Überschuss.

Tränen trocknen
Am Rockzipfel.
Kratzer heilen
An Omas Seite.

Busenfreunde

Über Stock und
Über Stein
Für immer wollten wir
Zusammen sein.

Buden gebaut
Und uns vertraut.
Jeden Traum haben
Wir uns angetraut.

Ball und Spiel
War, was uns gefiel.
Junge Triebe
Im Wind.

Immer wieder
Sangen wir Lieder
Und lachten
Über das, was wir machten.

Eure Gesichter sind
Teil meines inneren Kindes.
Meine Erinnerung ist
Mit euch verbunden.

Ein buntes Klettergerüst

Wo der Regenbogen
Die Erde küsst,
Steht ein riesiges
Klettergerüst.

Jedes Kind
Träumt von dem Wind,
Der es zu diesem
Klettergerüst bringt.

Auf ihm lässt sich
Balancieren und
Eine Rolle vollführen
Und lachend tanzen.

Ein Klettergerüst
Wie ein Gedicht,
Dass jedes Kind glück-
Lich küsst.

Spielt auf seinen Sprossen.
Tanzt auf seinen Sprossen.
Hangelt an seinen Sprossen.
Liebt das Klettergerüst.

Naturkinder

Wie der Wind
Spielt das Kind
Und springt
Von Stein zu Stein.

Frei wie der Fluss
Stromert das Kind
Durch die Wiesen
Und Felder.

Wie der Sonnenschein
Strahlt das Kind
Und findet überall
Neue Freunde.

Wie die Blumen
Blüht das Kind
Und zaubert
Bunte Farben.

Wie die Berge
Steht mein Kind
Im Mittelpunkt
Meines Lebens.

meine alte Clique

Über Stock
Und über Stein
Durchs Gras
Und den tiefsten Wald

Wir waren
Ein Team
Wir waren
Freunde

Abenteuer
Warteten überall
Wir haben alles
Gewagt

Beste Freunde
Busenfreunde
Vertraute
Für die Ewigkeit

Eure Gesichter
Mir unvergessen
Unsere Geschichten
Will ich erzählen

Wie wir spielten
Und tanzten
Wie wir lachten
Und Spaß hatten

Babys

Bunte Klappersachen,
Die lustige Geräusche machen.
Manche sehen aus wie Vögel;
Andere sind einfach lose.

Rasseln und Bälle,
Aber auch magische Schwämme.
Das Babybett ist voll
Mit allem, was es soll.

Spielzeug fürs Baby
Eröffnet die Wege
Zu den Sinnen
Und dem ersten Gelingen.

Sie entdeckt ihre Welt,
Indem sie bunte Knetbälle festhält.
Sie hört die Melodie
Und lacht in Harmonie.

Tausend Sachen
Zum Spaß haben.
Tausend Dinge
Aus bunten Ringen.
In tausend Stunden
Neues herausgefunden.

Tag Team

Online
Im Videospiel
Beginnt
Unsere Freundschaft

Hier im Clan
Da im Team
Online
Tag und Nacht

Ich kenne nur
Dein Profil
Mehr brauch
Ich nicht
Um zu wissen
Dass du mein Bruder bist

Sie verstehen
Es nicht
Sie begreifen
Es nicht
Wir sind wahre Brüder
Auf dem Bildschirm
Unserer echten Welt

Ohne Pause Spielspaß

Spielen
Und niemals
Damit aufhören.

Herumtollen
Mit den Plüschtrollen
Und den Bären aus Stoff.

Im Puppenhaus
Wird eine Familie
Aufgebaut.

Selbst Filme sehen,
Wollen wir nicht aufgeben
Und alles schauen,
Was lustig ist.

Wir spielen
Mit Tieren
Und Oma oder Opa.

Wir lümmeln
Und lutschen
Bonbons und Lutscher,
Wie es uns gefällt.

Der Gummi Flummi

Bäume streben gen Himmel.
Ich treibe durchs Gewimmel
Und verliere mich und
Dennoch find ich dich.

Du sitzt am Brunnen,
Dort hab ich dich gefunden,
Wie du Däumchen drehst,
Während der Wind weht.

Ich werfe dir den Flummi zu
Und du reagierst in aller Ruh
Und schnippst ihn zurück
Zu meinem Glück.

Wir lieben dieses Spiel.
Es macht uns agil
Und so hechte ich,
Damit ich den Flummi wiederkrieg.

Ich schlage ihn erneut zu dir
Und beginne ein neues Spiel
Und du lächelst frei
Und schnappst dir den Gummiball.

Dann läufst du los
Mit dem Gummigeschoss.
Ich renn dir nach und
Such dich den ganzen Tag,
Bis ich dich beim alten Eisstand finde.

Fantasietier

Kinder lachen,
Denn sie machen
Aus allen Sachen
Fantastische Geschichten.

Ihre Fantasie ist
Ein Phänomen,
Denn sie können noch
Echte Wunder sehen.

Alles ist ein
Abenteuerspielplatz.
Überall warten
Drachen und Feen.

Ohne Quatsch;
Kinder haben immer Spaß.
Kein Fauxpas,
Der nicht lachend weggemacht.

Ihre Fantasie
Endet nie.
Selbst wenn Kinder erwachsen,
Leben ihre Taten
Bis ans Ende aller Fakten.

Traumland

Im Traumland warten
Abenteuer und Spaß.
Im Traumland werden
Unsere Träume wahr.

Mickey und Barbie.
Donald und SpongeBob
Leben dort an
Diesem fernen Ort.

All die Figuren
Aus den Serien
Können wir dort
Lebendig erleben.

Denn das Traumland ist,
Die lebendige Geschicht
All unserer Fantasie
Aus Film und Märchen.

Das Traumland ist
Das Kinderparadies und
Es hat einen Platz
Für jedes Kind!

Mit ihr

Ich spiel mit ihr
Mit dem Kuscheltier.

Wir tollen herum
Um die Kletterburg.

Wir fallen auf
Durch Superpower
Und drehen uns wild
Ins Bild.

Sie tanzt für mich,
Wenn ich
Erschöpft bin.

Und ich mach Faxen
Und bring sie zum Lachen,
Bis der Bauch schmerzt
Und das Herz
Super wild rast.

Wir spielen hier,
Ich mit ihr,
Bis die Sonne
Untergeht.

Friedenskinder

Kinder spielen
Im wahren Frieden!

Wenn sie sicher
Durch die Straßen
Und Wiesen ziehen
Und ihre Eltern sich
Unbesorgt entspannen können:
Dann ist Frieden auf allen Wegen.

Möget ihr spielen
Und Frieden leben.
Möget ihr mit euren Fingern
Lebendige Blumen berühren
Und gesunde Bäume wachsen sehen.

Spielt und siegt.
Friedlich fliegt ihr
Zu Freunden und Großeltern.
Friedlich tanzt ihr
Auf dem Weg und
Lernt neue Freunde kennen
Ohne Gefahr.

Kinder spielen
Im wahren Frieden
Und fliegen mit ihrer Fantasie
Ins Wunderland.

Urlaub

Wellen pellen
Und Hunde bellen
Am Strand
Im Nordland.

Ferienzeit
Ist Urlaubszeit.
Mama und Papa
Haben uns
Im Auto angeschnallt
Und nach Stunden
Am Strand geparkt,
Dann sind wir losgerannt,
Bis die Wellen
Unsere Füße umspülten.

Sonnenschirm und Decken,
Schnell Schwesterchen necken
Und dann ab ins Meer
Wie ein alter Seebär.

Draußen sein

Das Spiel im Sand
Nimmt überhand.
Burgen wachsen
Und Ritter werden
Mit der Gießkanne
Weggeschwemmt.

Vom Laubbaum
Im Herbst fallen
Die Kastanien und
Verwandeln sich
Mit Streichhölzern
In tausend Männchen.

Schneemänner
In weißen Gewändern
Stehen in jeder Straße
Solange das Wetter
Die Nasen und
Zähne klappern lässt.

Kreislauf

Spring im Kreis
Und über Stock und Stein.

Treibe durch die Weide
Mit einem Stock,
Der dein Ritterschwert ist.

Zieh mit deinen Freunden
Durch Wälder und Felder
Und seid die Helden
Aller Welten.

Spring über den Fluss
Und rede im Überfluss
Von Drachen und Filmen,
In denen Dinosaurier mitspielen.

Spring über den Stein
In den Kreis und tanz und lach
Den ganzen Tag bis
Zum Sonnenuntergang.

Besenstiel

Zu spielen
Auf allen vieren
Oder im Springen
Den Gefühlen
Ausdruck geben.

Zu viele
Durch die Wälder ziehen
Und hinter den Bäumen
Verstecken spielen.

Für viele
Ist der Sandkasten gut.
Er eignet sich
Für eine Eimerburg
Oder eine Bahn
Für die Murmeln.

Weil wir spielen,
Als ob wir fliegen
Und mit Besenstielen
Hexen spielen,
Lassen wir die Fetzen fliegen
Wie in den Filmen.

Viele Kisten

Figuren und Bausteine
Und schon spielte
Ich alleine.

In meiner Schwesters
Puppenhaus
Haben wir die Welt
Nachgebaut.

Zu Weihnachten gab's
Die neue Rennbahn.
Tagelang gesessen
Beim Autorennen.

Lego war mein Leben
Und es lag immer im Weg,
Wenn Mama den Raum betrat
Und mich dann bat
Aufzuräumen.

Kisten an Spielzeug waren mein
Und waren mein Glück allein.

Spielwiese

Am Ende des Regenbogens
Wollen wir spielen
Und uns in den Blättern
Der Bäume wiegen.

Im alten Märchenwald
Bauen wir eine Bude
Und buddeln eine
Tiefe Kuhle.

In Omas Garten
Sitzen wir auf der Decke
Und spielen Ärzte,
Die Patienten retten.

Auf dem neuen Spielplatz
Haben wir alle Spaß,
Denn es gibt endlich
Für jede:n genug Platz.

Der kleine Teich
Ist unser Ozean,
Auf dem wir mit Papierboten
Um die Wette fahren.

Alles ist zum Spielen da
Und so wird jeder Tag
Einfach wunderbar.

Regentage

Der Regen fällt
Wie in der Wasserwelt.
Beim Blick aus dem Fenster
Lachen Gespenster.

Pfützen warten
Draußen im Garten.
Mama sagt nein,
Aber wir springen rein.

Draußen ist es
Wie im Fisch-Express.
Alles schwimmt
Wie frischer Apfeltrunk.

Wir wollen raus,
Denn Regen macht Spaß.
Wir wollen spielen,
Selbst wenn wir nass werden.

Durch die Gegend gespritzt,
Während es schon blitzt.
Aber sobald der Donner grollt,
Sind wir zurück ins Haus gerollt
Und haben mit warmem Tee
Die Aussicht genossen.

Teilen

Von groß
Zu klein
Darf man
Altes Spielzeug verleihen.

Erst wirkt es
Ein bisschen fad',
Dann macht es
Doppelt Spaß.

Denn geteilter Spaß
Wird zum doppelten Spaß
Und dann hat man was,
Über das man reden kann.

Die Große gab´s
Der Kleinen.
Erst tat sie weinen,
Weil sie ihr Spielzeug liebte,
Dann gab sie es mit Liebe
Ihrer kleinen Cousine.

Kleine Kinderreime

Im Kreis
Und um den Zeh,
Das tut nicht weh.

Ein Stock
Im alten Klee
Zeigt uns den Weg.

Hinter Hügeln
Aus Weizen
Werden wir uns walzen
Im grünen Gras.

Dann am Strand
Mit dem Badehandtuch
Kalt geduscht und
In die Wellen gesprungen
Wie ein Froschkopf.

Wieder daheim
In unserm Revier
Spielen wir Stier
In spanischer Manier,
Bis Mama uns
Zum Essen ruft.

Aller guten Dinge sind vier

Im Frühling spielen
Wir mit den Frühblühern
Und tanzen mit
Den Schmetterlingen.

Im Sommer baden
Wir im See oder
Fahren ans Meer und
Lassen uns mit den
Wellen treiben.

Im Herbst sammeln
Wir das bunte Laub
Und kleben es auf
Papier zusammen mit
Den Kastanienmännchen.

Im Winter trinken
Wir Tee, den Mutti macht
Und dann rennen wir raus,
Wenn es schneit und bauen
einen Schneemann, bevor die
Große Schneeballschlacht steigt.

Viermal das Jahr.
Viermal Spaß.
Viermal wir,
Die in jeder Jahreszeit spielen.

Rasselbund

Rasselbande.
Harte Kante.
Stock und Stein.
Nie allein.

Morgens bis Abends
Im wilden Wind.
Tag und Nacht
Mit Freundschaftskraft.

Springseil.
Bogen und Pfeil
Im nahen Wald
Und über den Asphalt.

Zuckerschock
Als Sündenbock
Für verrückte Streiche
Im ganzen Königreiche.

Handschläge geben
Vorm nach Hause gehen
Und sich schwören,
Weiter zu grölen.

Tierische Geschäfte

Katzen schleichen.
Kaninchen streicheln.
Im Zoogeschäft
Die Welt entdeckt.

Funkelnde Aquarien
Mit eigenen Universen
Aus bunten Fischen
Und Muscheln.

Die Vögel zwitschern
Und das Heu knistert.
Das Hundespielzeug
Ist nagelneu.

Ein Wunsch
An den Weihnachtsmann,
Dass er einen Hund erschafft
Unterm Weihnachtsbaum.

Und der Hase sieht aus
Wie der Osterhase.
Nur die Eier sind nicht bunt,
Dafür hab ich die Liebe
Zu den Tieren gefunden.

Bekommen

Wie lange müssen wir schlafen?
Wie lange müssen wir warten?
Wie lange dauert es noch,
Ehe es Geschenke gibt?

Ob Heiligabend
Oder an Geburtstagen;
Wir kriegen viele
Neue Dinge zum Spielen.

Neues Zeug
Ist wie Gold.
Ein Ungeheuer
Wird zum Abenteuer.
Ein Kuscheltier
Weckt die Fantasie.
Ein paar Kugeln
Werden magische Murmeln,
Die den Weg zeigen
In die Spielreiche.

Alles ist neu
Und deshalb toll.
Gemischt mit dem Alten
Lassen sich tausend
Dinge gestalten.
Ob Burgen oder Läden:
Wir werden mit allem spielen!

Allerlei

Plüschteddy.
Steppdecke.
Lego und
Playmobil.
Millionen Dinge
Zum Spielen.

Später die Konsole
Oder das Gedröhne
Aus den Boxen
Beim Zocken.

Pinke Barbie.
Schminktage.
Teezeremonie
In Harmonie.

Kaufmannsladen
Und Spielkarten.
In echt und
Auf dem Handy.

Freunde fürs Leben

Wir wollten für immer
Kinder sein und
Für immer Freunde bleiben.

Ich weiß nicht,
Was aus euch geworden ist,
Aber ich träume den Traum
Noch immer, wenn ich
Mit meiner kleinen Tochter spiel.

Alles wirkte damals ewig,
Als ob es niemals enden könnte.
Heute sind es nur noch Nebel
Und Erinnerungsfetzen.

Was wurde aus
Meinen besten Freunden?
Hat sie das Leben belohnt
Oder sie kaltherzig entthront?
Ich weiß es nicht und
So wie die Dingen stehen,
Werde ich es nie herausfinden.

Schlafen

Schlafenszeit
Langweilt,
Aber dennoch bereit
Ins Bett zu schlüpfen,
Um Ma und Pa
Nicht zu entsetzen.

Das Traumland wartet
Mit neuen Gaben.
Traumschlösser
Mit riesigen Keksen
Und Abenteuer
Auf Hüpfburgen.

Mama liegt noch daneben,
Bis wir davon schweben
In die Welt der Träume,
Wo magische Räume
Zuckerwatte verbergen
Und Schokoladenberge
Zum runter Rodeln einladen.

Kinder

Kinder hassen warten
Über alles.
Geduld tut
Ihrem Gemüt
Nicht gut.

Kinder lieben
Spaß und spielen.
Sie sind nicht
Müde zu kriegen,
Solange Freunde
Mit ihnen spielen.

Kinder sind
Das Kind eines
Ehemaligen Kindes.
Kinder sind
Wie alle anderen,
Nur ganz besonders.

Kleine Kinder

Kleine Kinder spielen
Im verspielten Frieden.
Kleine Kinder lachen
Mit tollen Spielsachen.

Kleine Kinder fliegen
Mit freien Flügeln.
Kleine Kinder kullern
Mit freien Mündern.

Kleine Kinder träumen
In sicheren Räumen.
Kleine Kinder hoffen
Auf sonnige Wochen.

Kleine Kinder lieben
Der Menschen zu viele.
Kleine Kinder werfen
Bälle in fremde Gärten.

Kleine Kinder leben
In unseren Leben.
Kleine Kinder bringen
Herzen zu klingen.

Schlaf Kindlein schlaf

Schlaf Kindlein schlaf,
Im Traumland
Werd ich warten.

Schlaf schön brav,
Denn tausend Schaf traf
Ich in unserm letzten Schlaf.

Träum Kindlein träum
Von Spielräumen
Und großen roten Bäumen.

Träum Kindlein träum
Und lass dich schäumen
Und herumstreuen.

Lach Kindlein lach,
Selbst im tiefsten Schlaf
Und wenn du wieder wach,
Dann hüten wir die Schaf
Unten am kleinen Bach.

Spielzeugberge

Von klein
Bis groß
Tut uns
Spielen gut

Eine Spielwelt
Erwählt
Von Kindern
In allen Ländern

Tausend Sachen
Zum Spaß haben
Tausend Dinge
Gelingen

Burgen
Und Puppen
Konsolen und
Schatzkarten

Analoges Holz.
Digitales Gold
In der App
Mit Pep

Baller

Der Ball
Unser Weltall
Fußball
Basketball

Kullerrund
Und Kugelgrund
Grünes Gras
Im Tor Spaß

Rollen und
Sich tollen
Schießen und
Werfen

Ein Ball
Ist unser Weltall
Unser ganzes Leben
Alles Streben

Wir leben
Für den Ballsport
Wir geben
Alles für den Ball

Spielvergnügen

Der einzige Sinn
Ist das Spiel.
Das einzige Glück
Steckt im Spaß.

Spielzeugberge.
Spielplätze.
Spielzeuggeschäfte.

Spielend fliegen
Und sich wiegen.
Träumend räumen
Zu den Spielbäumen.

Viele Spiele
Fielen in die Wiege.

Spielzeugtag
In Kindergarten
Und Schule.
Spielzeugland
Wartet im Urlaub
Auf jedes Kind.

TV Kids

Märchenfilme,
Serien und mehr Spaß
Und alles im Film.

Fernschauen
Und den Augen
Kaum trauen,
Was für wunderbare
Wesen und Geschichten
Es gibt.

Märchen und Legenden.
Abenteuergeschichten.
Unsere Lieblingshelden
Werden sich melden.

Abends im Sandmann
Führt mich das Fernsehen
Dann ins Traumland
Und selbst da schau ich fern
Beim Abendstern.

Ferien

Ferienzeit.
Endlich Schulfrei.
Keine Hausaufgaben.
Einfach nur laben.

Freunde treffen
Und morgens
Lange betten.

Tun, was wir wollen
Und sei es über
Die Wiese rollen.

Spielen mit
Den vielen
Kinder draußen.

Jeden Tag genießen
Und nie wieder
An die Schule denken.

Nickerchen

Mittagsschlaf: Ungewollt
Der Natur Tribut gezollt.
Mama sagt wir sollen,
Doch eigentlich wollen
Wir nur herumtollen.

Aber Träume räumen
In wilden Schäumen.
Träume bäumen
Und wir säumen.

Des Schlafes Kraft
Mit der Macht
Uns ins Traumland
Zu tragen.

Wir gähnen
Und wir zählen
Weiche Schafwesen
Nach dem Schlafengehen,
Bis wir davon wehen und
Erst wieder im Traum aufstehen,
Wo wir wilde Wunder erleben.

Unsere Kinder

Mein Baby lacht
Nach der Flasche.
Es freut sich
Über mich.

Mein Neffe zockt
Auf der Konsole.
Er ist digitale Mode
Mit endlosen Episoden.

Meine kleine Nichte malt
Den ganzen Tag.
Sie strahlt mit
Ihren bunten Farben.

Meine große Nichte ist ein Star
In einem anderen Land.
Oft fragen Kinder sie nach
Einem Autogramm.

Die andern Nichten und Neffen
Will ich bald treffen und
Ihre Freude erleben,
Wenn wir uns kennenlernen.

Verborgene Kinder

Ein Kind
Lebt in jedem
Erwachsenen Mensch.

Das kleine Kind
In dem Großen
Spielt weiter
Mit Soßen.

Das Kind überlebt,
Auch wenn manche
Grummelig werden,
Weil sie ihr Kind
In sich nicht mehr sehen.

Wir sind alles Kinder
Auf dieser Linder.
Wir bleiben Kinder
Und werden nur blinder
Als Erwachsene, wenn wir
Die wahre Fantasie
Nicht mehr spüren und
Den Zugang zu unseren
Träumen verlieren.

Wahre Spielfreunde

Freunde fürs Leben,
Die teilen und
Sich alles geben.

Wir sind ein Bund
Und kunterbunt.
Wir sind das Team
Und wir triumphieren.

Wir sind Freunde
Aus wilden Kerlen
Und mutigen Mädchen.
Jeden Tag treffen wir uns,
Egal ob Schule oder
Ferien sind.

Freunde fürs Leben,
Die füreinander
Einstehen.
Freunde fürs Leben,
Die miteinander spielen.
Freunde fürs Leben,
Die für immer auf
Unsere Geburtstage gehen.

Kids TV

Morgens fernsehen und
Mama nicht nerven.
Abends fernsehen und
Papa nicht nerven.

Ja ist klar
Der Serienstart.
Animiert und
Koloriert.

Märchen und
Gummibärchen.
Abenteuer
Voller Ungeheuer.

Zwerge und Feen
Im Fernsehen.
Zauberer und Hexen
Auf ihren Besen.

Morgens fernsehen
Und sich freuen.
Abends fernsehen
Vor dem Einschlafen.

Sich besuchen

Ein Kind.
Zwei Kinder.
Drei Kinder.
Es wird immer verrückter.

Ein Tumult
Aus Lachen
Und wild herumliegenden
Spielsachen.

Ein Kind wirft.
Ein Kind rollt.
Ein Kind singt.
Alle Kinder gewinnen.

Sie spielen
Und sind nicht
Müde zu kriegen,
Wenn sie spielen.

Bis der Abend kommt
Und der Erste
Wird abgeholt.
Dann ist es vorbei
Mit der lustigen Spielerei.

Eiweikeidei

Ein Sonnenstrahl reicht
Fürs Spielzeugreich.
Ein Plastikauto fährt
Um den Herd.

Im Puppenhaus sitzt
Das Puppenkind
Und es spielt
Mit mir.

Kleiner Garten
Zum Sachen vergraben,
Sich verstecken
Und andere necken.

Kleine feine
Bunte Steine
Frisch bemalt
Voll mit Farbe.

Breites Grinsen
Ohne Binsen.
Hopsend springen
Und Freunde finden.

Einhei

Jungs spielen.
Mädchen spielen.
Zusammen und
Gemischt, ohne Grenzen,
Ohne Zwist.

Was Junge ist
Und was Mädchen ist,
Das wissen nur
Jungs und Mädchen.
Was zählt ist Glück,
Ohne hinterrücks
Zu heulen.

Autos und Puppen
Zum Beschnuppern
Und zum Verteilen
Ohne sich zu langweilen.
Schminken und ringen,
Ohne sich zu bezwingen,
Aber zusammen lümmeln
Und lachen über
Alle Sachen.

Dropshops

Ein Spiel
Ist nie zu viel.
Ohne Ende
Mit der Krempe.

Ein Kreis
In weißer
Kreide auf
Dem Asphalt.

Zu spielen
Und zu singen,
Während wir
Lustig springen.

Hopsen mit
Den Mopsen.
Viele süße Dropsen
Aufklopfen.

Ein Spiel
Zu viert
Im Kreis gedreht
Und niemals
Stillstehen.

Kinderland

Riegelrei
Und hoppsasa
Flott sind wir
Wieder da

Kneten und
Bälle werfen
Und aus den Erden
Burgen bauen

Versteckt
Im grünen Gras
Beginnt der Spaß
Am höchsten

Gummiband
Um die Hand
Und dann gespannt
Und verheddert

Weißer Klee
Im Schnee und
Der Schneeball
Fliegt geschwind

M und P

Zwei Cousinen.
Mialila und Paulina.
Ein Bund fürs Leben
Zum glücklich Streben
Und glücklich sein.

Zwei Cousinen
Auf allen Wegen.
Hand in Hand
Ins Abenteuerland.

Geboren und vereint,
Selbst wenn mal Streit,
Sie sind ein Herz
Und schätzen sich wert.

Zwei Cousinen
Lieben Pferde und Rehe.
Zwei Cousinen
Spielen mit
Alten und neuen Dingen.
Zwei Cousinen
Verstehen sich blind,
Weil sie auf einer tieferen Ebene
Verbunden sind.

Märchenmädchen

Tief in den
Märchenwäldern
Und weit hinter den
Fantasiebergen
Lebte ein kleines Mädchen
Ihr abenteuerliches Leben.

Die Plüschteddys
Und Plastikbarbies
Lebten mit ihr
Und tanzten zu
Ihrem Spiel.

Sie war der größte Held
In der Märchenwelt.
Kein Ungeheuer konnte
Lange böse sein,
Denn sie lud alle
Zum Tee ein.

Ein Mädchen
Im Land der Märchen,
Dass auszog, um echte
Abenteuer zu erleben.

Von früh bis spät

Morgens spielen.
Mittags spielen
Und abends müde
Ins Bett fallen.

Wir wollen spielen
Und alles andere
Einfach ignorieren.

Wir wollen spielen
Mit allen Kindern
Und alle zum
Lachen bringen.

Von morgens
Bis abends.
Von Montag
Bis Sonntag.

Wir spielen
Unser ganzes Leben.
Wir schweben und streben,
Bis wir spielerisch abheben.

Eine Welt zum Spielen

Im Nebel
Lässt sich
Verstecken spielen.
Auf den Bergen
Können wir
Fangen üben.
In den Häusern
Schauen wir schlaues
Fernsehen.

Am See
Haben wir ein
Picknick arrangiert.
Beim Fluss
Lebt der
Malerische Genuss.
In den Wolken
Können wir unsere
Fantasie tauchen.

Im Wald
Hat unser Schall
Laut geknallt.
Auf den Wegen
Wollen wir unsere
Lieder singen
Und unter der Sonne
Tanzen wir in
Reiner Wonne.

Kinderwelt

Kinder spielen
In ihren eigenen Welten.

Was Kinder sehen,
Dass sehen die
Erwachsenen nimmermehr.

Kinder haben Augen,
Um die Wunder zu schauen.

Kinder erleben,
Was Fantasien weben.

Kinder fliegen
auf ihren Wegen,
Obwohl sie fest
Auf dem Boden stehen.

Kinder leben
In anderen Welten
als die ausgewachsenen Wesen.
Doch ihre Welten
Tragen mehr Leben
Als jedes Erwachsenenleben.

Fantasa

Träumen und spielen,
Mehr gibt es nicht
Zu tun.

Die Erwachsenen sind ernst
Und ihre Gesichter verzerrt
Vom mentalen Schmerz.

Die Erwachsenen leiden, weil
Sie sich weigern,
Der Fantasie zu folgen.

Märchen leben und
Fantasie erhebt.
Alles ist echt, solange wir
Es träumen können.
Wir sind echt, solange die Fantasie
Unser Boot zum Himmel ist.

Draußen sein

Im Wind
Spielt das Kind.
Die Sonne
Ist die Wonne,
Denn alle können
Rausgehen.

Der Fluss
Bringt Überfluss.
Im Baum
Können wir ein Baumhaus
Bauen.

Über die Straßen
Hin zum grünen Rasen.
In den Wald,
Um spielend
Laut zu schreien.

Der Busch
Bietet Schutz
Im Versteckspiel.
Als das Blatt fiel,
Spielten wir im Wind.

Erinnerungen

Als wir durch die Wiesen
Und die grünen Wälder liefen,
Habe ich dasselbe gespürt,
Was du fühltest.

Wir rannten bis ans Ende
Der großen Weltenwende.
Der Wind war unser Boot
Und wir hatten nie genug.

Kleine Äste knackten
Unter unseren Tatzen.
Der Duft in der Luft
War der schönste Lohn.

Später kam das kleine Dorf
Und wir rasteten dort
Und aßen die Stullen
Unserer Mütter.

Erst nach Sonnenuntergang
Haben wir es nach Hause geschafft.
Doch selbst im Schlaf
Folgte ich dem Pfad
Zu unserer Freundschaft.

Spaßorte

Auf dem Spielplatz
Rennt die Katze
Und der Matze
Springt in den Matsch.

Im nahen Wald
Ist Thorbald
Allzeit bereit
Zu lachen.

Die Springburg
Ist genug
Für alle Kinder
Aus dem Kindergarten.

Im Trampolin
Singt Fridolin
Von wilden Winden
Im Ring.

Die Bausteine
Fallen ganz alleine
Auf die Wiese
Hinter Elise.

Springhopse

Das Seil springt
Und wir schreien.
In der Luft klingt
Es wie ein Pfeil.

Die Kinder hopsen
Und weichen aus.
Eines wird getroffen
Und scheidet aus.

Das Spiel mit dem Seil
Ist uralt.
Wir sind dabei
So wie einst Oma.

Es dreht sich
Immer schneller.
Ich wage mich
In den Kegel.

Wer getroffen wird,
Ist raus.
Doch jedes Kind
Kennt sich aus
Und springt, ohne dass das Seil
Es streift.

Schabbala

Bälle
Im Gedränge.
Watte
In der Klasse.

Ringe
Ums Gebinge.
Finger
Spinnen Ketten.

Singe
In der Grippe.
Lümmeln
Und krümeln.

Labern
Beim Daddeln.
Naschen
In den Backen.

Spiele
Mit Konsole.
Freunde
Säuseln.

Kreideweiß

Kleine, feine
Kinderreime
Für die heilen
Kinderheime
Aus Stoff und Plüsch
Und Decken.

Auf der Erde
Der Kinderverse
Werden sich die
Kerben stapeln
Wegen des wilden
Rasselns.

Im grünen Glücke
Der Kindersprüche
Springen wir Stück
Für Stück zurück
Zum Glück in der
Freien Natur.

Die klare, wahre
Kindersage zieht
Dieser Tage von
Haus zu Haus und
Lockt alle zum
Spielen hinaus.

Schwingkling

Schaukeln
Bis zum Weltall.
Wippen
Wie ein wildes Tier.

Wir wiegen,
Als ob wir fliegen.
Schwingen
Im runden Ringen.

Links bis rechts.
Rund um die Hecke.
Hoch und runter.
Es wird kunterbunter.

Sich drehen
Im Stehen.
Kein Halt
Im Fallen.

Eine große Schaukel
Ist der Kindertraum.
In der Hängematte
Endlos lachen.

Wachsen

Baby. Kind. Teenager.
Krabbeln. Laufen. Fliegen.
Am Ende sollen sie siegen,
Indem sich ihre Träume erfüllen.

Wir sehen, wie sie wachsen
Und wir lernen, sie zu achten
Für das wie und was
Sie wirklich sind.

Keine Kopien
Sondern individuelle Wesen.
Völlig autark
Und immerzu hilflos
Ohne ihre Eltern.

Klein. Mittel. Groß.
Aus der Mütter Schoß.
Neugier und Mut
Wie Vaters Tugend.
Keine Zeit und alle Zeit.
Schüchtern zu allem bereit.
Die Welt wartet auf die neuen,
Heranwachsenden Abenteurer.

Zart und klein

Zart wie Samt
Ist des Kindes Gewand.

Roh wie ein Ei
Ist der Babyschrei.

Verletzlich ist
Das Babylicht.

Emotional
Ist der Babysaal.

Sie sind kleine Wesen
Und wir müssen ihnen
Jeden Schutz geben,
Damit sie kein Trauma
Erleben und sich niemals
Wunden in ihren kleinen
Seelen bilden.

Kind sein

Kind sein heißt,
Glücklich sein
In einer freien Welt.

Kind sein heißt,
In Träumen zu reisen,
Wohin man will.

Kind sein heißt,
Sich treiben zu lassen,
Ohne irgendwas zu tun.

Kind sein heißt,
Frei zu sein
Von der Last des
Erwachsenenseins.

Kind sein heißt,
Zu lachen und zu schreien,
Zu spielen und zu tanzen
Und alles zu tun und
Verständnis zu finden.

Kind sein ist rein.

Traumspiele

Wenn Kinder schlafen,
Dann fliegen sie in Träumen
Zu den wahren
Lustigen Spielräumen.

Im Traum lebt
Ein anderes Gesicht
Und es geht
Im bunten Licht.

Finde das Ei
Des Weihnachtsmanns
Und iss den Osterbrei
Unter den Weihnachtstannen.

Im Traum zu spielen
Ist ein Abenteuer,
Denn mit Flügeln fliegen
Ist im Traum geheuer.

Vor dem Erwachen
Noch mal alles geben
Und mit den Traumspielsachen
Sich im Kreis drehen.

Halloween.

Halloween
Mit Hexenkostüm.

Süßes oder saures
Mit Faun.

Dämonen
Und Einhörner.

Kürbisse
Und Schrecknisse.

Kinder mit Laterne
Sieht man in der Ferne.

Geschminkt
In grün und pink.

Wilde Kostüme
Mit vollen Tüten
Voller Süßigkeiten.

Sesam

Der, die, das
Und uns.

Wer, wo, was;
Wir sind
Verbunden.

Warum
Ist die Banane
Krumm
Und manche
Leute dumm?

Wie die sie.
Wann tamm tamm.
Die Bohne im Rohr.
Der Schlegel auf der Trommel.

Der, die, das,
Bleib nicht dumm
Und kümmer
Dich drum.

Lasage

Kinderra
Hopsala
Dumdidum
U-Bootturm

Kinderfah.
Namofa.
Albernheiten.
Weiterschreiten.

Im Gedränge.
Leere Strenge.
Einfach fliegen.
Filidrien.

Bambala.
Karaokepoke.
Mischpala.
Ewigda.

Frei sein

Die Kinder spielen
Und die Bienen fliegen.
Überall ist Frieden.

Eine wilde Sandburg
Und ein Knuddelhund;
Das ist schon genug.

Die Kinder lachen
Mit ihren Spielsachen
An den sonnigen Tagen.

Verstecken spielen
Und sich amüsieren
In den Ferien.

Die Kinder tanzen
Ohne Schulranzen
Und sie lachen
Ohne Grenzen.

Sandburgen

Fingerspiele.
Rote Pillen.
Seilspringen
und lustig klingen.

Wintertraum
Im Spielraum.
Kahler Baum.
Verstecke bauen.

Hundeleine.
Krumme Beine
Tanzen um die Weiden
im Kinderreigen.

Trommelwirbel
im Gezwirbel.
Windewege.
Spiele leben.

Nur der Spielplatz
und die Katz.
Süßer Spatz.
Der Träume Kraft.

Eine Welt für Kinder

Für unsere Kinder leben
Und nach Glück streben.

Kinder wollen leben,
Lasst uns ihnen
Alles geben.

Kinder wollen träumen,
Lasst uns Räume freiräumen,
In denen sie frei träumen können.

Kinder fliegen
In ihrer Fantasie.
Lasst den Sieg
In ihren Märchen
Das Glück der Kinder sein.

Kinder brauchen Grenzen,
Um sich nicht selbst zu verletzen.
Kinder brauchen uns,
Also erfüllt euren Dienst!

Kinder sind Wunder

Kinder sind das Geschenk
Einer heilen Welt.

Kinder sind das größte Wunder
Und machen alle gesünder.

Kinder sind ein Traum
Und glücklich anzuschauen.

Kinder sind Talente
Auf jedem Gelände.

Kinder sind Genies,
Wie die Geschichte bewies.

Kinder sind reines Glück,
Das unsere Leben schmückt.

Kinder sind wahre Liebe
Und unsere größten Antriebe.

Große Eltern

Alt und jung
Ist oft genug.

Eine Oma und
Ihr Enkelkind.
Ein Opa und
Sein Enkelsohn
Und die Welt
Ist glücklich.

Die eine geht.
Die eine kommt.
Ihre Verbindung
Ist unbeschreiblich.

Viele Omas
Tragen altes
Heiles Aroma.
Viele Opas
Sind der Pass
Zum eigenen Selbst
Und einer Generationen
Verbundenen Welt.

Lachsachen machen

Herumtollen.
Sich übern Boden rollen
Und der Schwerkraft
Tribut zollen.

Seilspringen und
Aus Spaß ringen.
Zur Haustür gehen und
Pa aus dem Bett klingeln.

Im Buddelkasten
Mit lauter Spielsachen.
Tolle Sachen aus
Sand machen.

In den Garten gehen
Nach dem Fernsehen und
Den Schmetterlingen
Und Blumen zusehen.

Wilde Spiele
Ohne Ziele.
Kindertriebe
Geboren aus Liebe.

Wagen

Für unsere Kinder
Werden wir Verkünder
Der Fantasie und
Der Märchentiere.

Sie sollen träumen
Und in Märchenschäumen
Schlösser bauen und
Sich trauen, ihren eigenen
Weg zu wagen.

Einhörner
Und bunte Lindwürmer.
Türme aus Prinzen
Und mutige Prinzessinnen.

Seifenblasen,
Die uns emportragen.
Teppiche, die fliegen
Über alle Hügel, wo
Freie Fahnen wehen.

Kinderednik

Kinder malen
Nach Zahlen.

Kinder springen
Durch kleine Ringe.

Kinder bauen
Auf Vertrauen.

Kinder sagen
Nur das Wahre.

Kinder leben,
Um zu erleben.

Kinder wollen
Endlos scrollen.

Kinder schlafen
In elterlichen Armen.

Glückliche Zeit

Hört die Glocken.
Seht den Schnee.
Spürt die Kälte.
Lebt in Freude.

Ostern und
Weihnacht.
Geburtstag
Und unerwartete
Überraschungen.

Geschenke bringen
Und Kinderherzen klingen.
Zu jeder Zeit
Erzeugen sie den
Glücklichen Schein
In den Augen der Kleinen.

Gebt und gebt viel,
Sät die Gaben
Für gute Taten
Und lasst Gnade walten.

Paradies

Ein Paradies
Voller Harmonie,
Das würde ein Sieg
Der Kinder bringen.

Gebt den Kindern
Das Kommando.
Gebt den Kindern
Das Steuerrad.

Rein sind ihre Herzen
Und nicht korrumpiert
Von den Schmerzen
Der materiellen Zwänge.

Gebt den Kindern
Das Kommando.
Gebt den Kindern
Die Macht.

Lasst sie die Welt gestalten.
Lasst sie die Erde
Bunt anmalen.

Ein Paradies,
Wie es jedes Kind liebt.
Ein Paradies für alle Kinder
Ohne Grenzen und ohne Hetzer.
Lasst die Kinder entscheiden.
Lasst die Kinder unser Raumschiff
Steuern ins himmlische Erdenparadies.

Spielzeugbergsteiger

Eine kunterbunte Welt,
In der jede:r ist ein Held.
Eine Welt voll Sonnenschein
Und Freiheit.

Eine Welt voll mit
Spielplätzen.
Eine Welt voll mit
Glücklichen Händen.

Ein Spielzeugland.
Ein Spielzeugparadies.
Der Spielzeughimmel.

Spielzeug so weit
Das Augen reicht.
Spielzeugberge reichen
In die Himmelreiche.

Spiel mit mir
In Harmonie.
Spielen wir
Bis ans Ende der Zeit.
Immer nur spielen
Und sich freuen.
Immer nur spielen und
Sich glücklich fühlen.

Ruckur

Hallo Welt;
Schreit das kleine Kind.
Hallo Kind;
Schreit die Welt.

Gemeinsam sein,
Heißt frei sein.
Zusammen lachen
Mit lustigen Spielsachen.

Freude spenden
Den Freunden.
Freunde spenden
Die Freude.

Springend verbinden
Und sich finden.
Beim Springen finden,
Was sich verbindet.

Kindlein find ein
Himmelsheim.
Denn im Himmelsheim
Finden sich die Kinder ein.

Kindlein sein

Trubel
Und Jubel.
Jauchzen
Und Fauchen.
Lachen
Und strahlen.
Spielen
Mit den vielen
Treuen Freunden.

Ein Leben
Wie ein Kind.
Ein Leben
Voll von Glück.
Ein Leben
In Frieden.
Ein Leben
Für die Freiheit.

Lasst uns
Einfach tanzen.
Lasst uns
An den Händen fassen.
Lasst uns
Eine bessere Welt schaffen.
Lasst uns
Alle Sorgen weglachen.
Lasst uns sein
Wie die Kindlein:
Im Herzen frei
Und freundlich.

Bunte Kunde

Kinderreime.
Münderkleister.
Ohrenschmalz.
Wörtersalz.

Kindertänze.
Schule schwänzen.
Einfach tun,
Ohne zu ruhen.

Wilde Feiern
Mit alten Ostereiern.
Bunte Farben
Überall auftragen.

Kunterbunte
Witzrute.
Fabelhaftes
Erschaffen.

Immer finden
Unsere Kinder
Einen Grund zum Lachen
Über alle Sachen.

Lebenswege gehen

Mein ganzes Leben
Meinem Kind geben,
Damit es glücklich leben
Und sicher sein kann.
Wofür sonst atmen,
Wenn nicht für die zarten
Regungen meines Babys?

Wofür morgens aufstehen,
Wenn nicht um zu sehen,
Wie mein Baby lächelt?

Mein ganzes Leben
Ihr widmen und die vielen
Chancen nutzen, um ihr Leben
Zur Blüte zu heben.

Mein Leben.
Ihr Leben.
Unser Leben.

Dieser Weg,
Den wir gemeinsam
Gehen.

Niemals!

Für immer Kind bleiben
Und immer kindisch sein.

Wir wollten nie
Erwachsen sein.
Nie die Enge
Der erwachsenen Grenzen.

Frei wie Kinder.
Echte Glückssprinter.

Wir wollten
Für immer lachen
Mit unseren Spielsachen
Und niemals greinen
Und weinen wie die Alten
Mit ihren Rechnungen und Sorgen.

Kindertage.
Glückliche Jahre.

Niemals werden
Wir erwachsen werden
In unseren Herzen.
Denn wir bewahren
Uns die Erinnerung
An die glücklichen Kindertage.

Klitzekleine

Kleine runde
Kulleraugen,
Die sich trauen,
Die Welt zu erkunden.

Klitzekleine Kinderreime
Schwingen in den Weiden
Und lassen die Beine
Der Kinder frei baumeln.

Kleine Wunder
Und große Verkünder.
In ihren Träumen
Sollen sie alles dürfen
Und jede Fantasie würfeln.

Kulleraugen und
Pausbäckchen.
Kinder, die sich
Liebevoll necken und
Füreinander da sind
Bei Regen und Sonnenschein.

Spielzeug

Kreisel
Und Bausteine.
Autos
Und Baustellen.

Plastik
Und Holzoptik.
Analog
Und digital.

Für alle
Und für einzelne.
Allein
Und gemeinsam.

Bunte Farben
Und Lichtstrahlen.
Kinder lachen
Mit vielen Spielsachen.

Kinder träumen
In Spielträumen.
Kinder glücklich machen
Mit neuen Spielsachen.

Kaleidoskop

Tausend Kinder.
Tausend Formen.
Tausend Welten.

Blondes Haar.
Schwarzes Haar.
Helle Haut.
Dunkle Haut.
Braune Augen.
Blaue Augen.

So viele Formen,
Aber nichts davon zählt.
Denn was zählt,
Ist die Wahrheit,
Die im Herzen grenzenlose
Liebe ist und wählt.

Wir sind alle
Verschieden und
Deshalb gleich.
Wir sind alle
Verbunden und
Deshalb reich.
Wir sind alle frei,
Den Weg der Güte zu wählen,
Um allen Kindern für immer
Ein glückliches Leben zu garantieren.

Wahrer Reichtum

Kinderseelen weben
Reine Liebe in den Herzen
Ihrer Eltern.

Kinder sind ein Schatz
Mit der Kraft,
Die Welt zu heilen.

Wunderkinder
Sind das Wunder der Kinder,
Kind zu sein.

Seht sie lachen
Und glücklich schaffen
Im Sandkasten.

Hört sie singen
Und unter den Bäumen klingen,
Während die Schaukel schwingt.

Vergesst nicht,
Dass unsere Kinder
Alles sind!

Neue Wege

Ein kleines Kind
Mit Freude im Herz
Spielt mit dem Wind
Und scherzt.

Ein frecher Junge
Watschelt wild,
Als ob er im Dschungel
Frei kampiert.

Ein kluges Mädchen
Schlägt auf das Buch
Und liest das Märchen
Von Wahrheit und Betrug.

Viele freie Kinder
Tanzen im Reigen
Und werden Überbringer
Der heutigen Feier.

Ein Neugeborenes
Lacht und weint.
Es ist ein auserkorenes
Glückskind des Seins.

Jugenderinnerungen

Hammerspiele.
Wilde Triebe
Lassen unseren Hund
Wild umhertollen.

Sommer und Sonne.
Herbst und Regen.
Winter und Schnee.
Im Frühling blüht der Klee
Und das Schneeglöckchen.

Wir lassen uns fallen
In die weichen Weiden.
Wir lassen uns treiben
Mit den Weltwinden.

Frei wie Vögel waren wir
Mit Siebzehn.
Mit buntem Haar
Und bunten Klamotten
Wollten wir die Welt
Retten oder einfach
Nur frei sein und
Glücklich bleiben.

Hoch und weit

Immer weiter laufen
Bis ans Ende der Welt,
Wo das Märchenland beginnt
Und jedes Kind ist ein Held

Immer höher fliegen
Und niemals nach
Unten sehen
Unsere Arme sind Flügel
Und die Wolken
Unsere Spielzeuge

Immer weiter laufen
Bis ans Ende der Welt,
Wo alle Kinder spielen
Und alle Kinder füreinander
Da sind

Höher und weiter
Schöner und breiter
Offen im Herzen
Mit geschlossenen Händen
Der Freundschaft

Höher und Weiter
Kleine Sonnenreiter
Kleine Gipfelstürmer
Kleine Riesen,
Deren Träume wachsen
Bis zum Weltraum

Hexen und Geister

Höher und höher
Fliegt der Drachen
Im Herbstwind.

Schöner und schöner
Glänzt das Laub
Der Laubbäume.

Bunte Farben
Sind die wahren
Zeichen dieser Tage.

Kinder basteln
Mit Kastanien
Und dem Gold der Wälder.

Bunte Kostüme
Sind die Bühne
Des herbstlichen Halloween.

Über den Autor:

Niemand

suchte das Nichts

Und fand niemals.